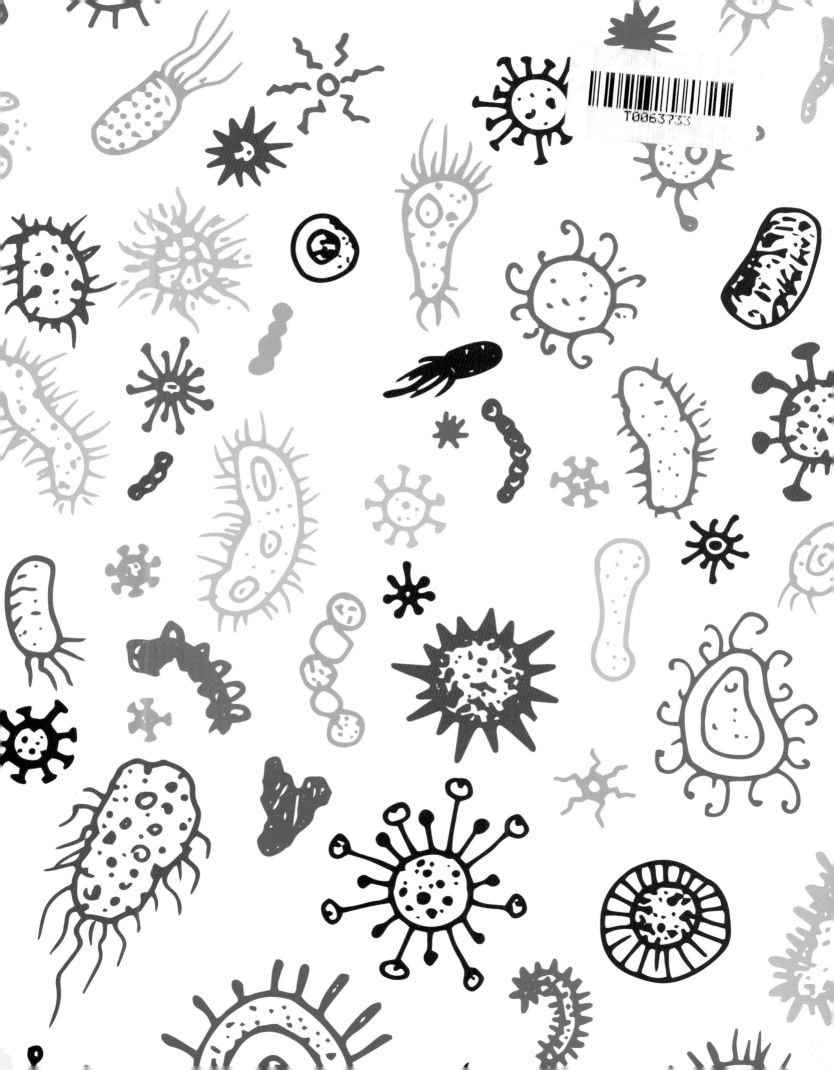

Prácticas de Laboratorio

El Cuerpo humano

25 experimentos paso a paso

Ana Martínez López
Fernando Martín Cobos

LIBSA

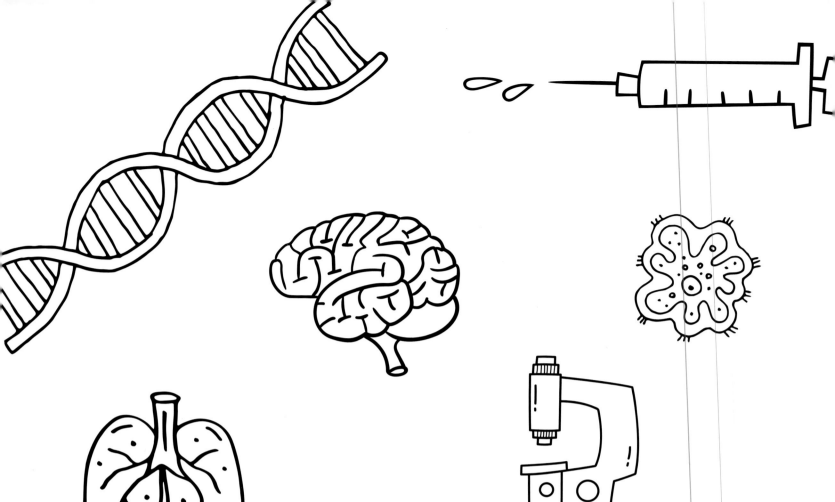

© 2023, Editorial Libsa
C/ Puerto de Navacerrada, 88
28935 Móstoles (Madrid)
Tel.: (34) 91 657 25 80
e-mail: libsa@libsa.es
www.libsa.es

ISBN: 978-84-662-4303-2

Textos: Ana Martínez y Fernando Martín
Edición: equipo editorial Libsa
Diseño de cubierta: equipo de diseño Libsa
Maquetación: Roberto Menéndez - Diseminando Diseño Editorial
Ilustración: Susana Hoslet Barrios
Fotografías: Shutterstock Images, Gettyimages

Queda prohibida, salvo excepción prevista en la ley, cualquier
forma de reproducción, distribución, comunicación pública y
transformación de esta obra sin contar con autorización de los
titulares de la propiedad intelectual. La infracción de los derechos
mencionados puede ser constitutiva de delito contra la propiedad
intelectual (arts. 270 y ss. Código Penal). El Centro Español de
Derechos Reprográficos vela por el respeto de los citados derechos.

DL: M 29437-2022

Contenido

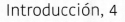

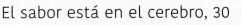

INTRODUCCIÓN

A lo largo de la historia el ser humano se ha preguntado por qué funcionan así las cosas. Somos seres curiosos con ansias de conocer y demostrar. A estas personas se les ha llamado magas, sabias, científicas...pero en realidad siempre han sido lo mismo: gente llena de inquietud y ganas de saber.

¡Ahora tú también puedes unirte a ellas! En este libro vas a encontrar experimentos relacionados con diferentes partes y elementos del cuerpo humano, desde el cerebro hasta el ADN, pasando por los músculos y los órganos.

Hacer estos experimentos te ayudará a comprender mejor cómo funciona nuestro cuerpo a la vez que te diviertes. Todos son sencillos, fáciles de entender y hacer con «ingredientes» que tienes a mano.

Te animamos a que invites a familiares, amigas y amigos a que trabajen y aprendan contigo. Monta tu propio laboratorio en casa y disfruta.

¡Cuanta más gente seáis, mejor! Así podréis comparar resultados y comentarlos, que también es una parte fundamental de la ciencia: compartir el saber para llegar más lejos.

¿Qué vas a encontrar en este libro?

Encontrarás un total de **25** experimentos con los que podrás entender y comprobar cómo funciona nuestro cuerpo.

En cada experimento se indicará:

 El **tiempo que tardarás en hacerlo**, en prepararlo y en ver los resultados, así podrás organizarte mejor.

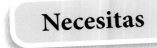**Necesitas**

Una **lista con los materiales** que necesitarás. La mayoría podrás encontrarlos en casa, así que podrás tener tu propio laboratorio casero.

 Unas **indicaciones de alerta**, por si el experimento requiere de ayuda de una persona adulta. Aunque ninguno de los experimentos que encontrarás en este libro es peligroso, en ocasiones te indicará que pidas ayuda o supervisión.

Algunas **recomendaciones** para mejorar tu experimento.

 Una **lista numerada paso a paso** de cómo realizar el experimento. El orden de los pasos es importante, así que asegúrate de seguirlo.

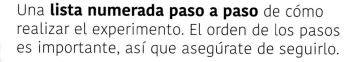 Un **apartado de explicación** del experimento y cómo ayuda a entender ese fenómeno.

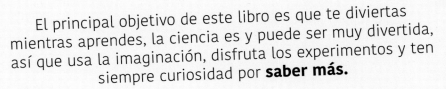

Recuerda siempre lo más importante

El principal objetivo de este libro es que te diviertas mientras aprendes, la ciencia es y puede ser muy divertida, así que usa la imaginación, disfruta los experimentos y ten siempre curiosidad por **saber más.**

El cerebro al mando: la coordinación

¿Por qué parpadeas sin pensarlo? ¿A que cuando andas no piensas que tienes que mover cada uno de los músculos de tus piernas? El cerebro es el responsable de estas y muchas otras cosas.

El cerebro es un órgano que se encuentra en nuestra cabeza. Gracias a él captamos las señales del entorno, las procesamos y se generan respuestas a los estímulos: podemos relacionarnos, reír, recordar, aprender, saborear, andar, etc. Este órgano cumple muchísimas funciones en el organismo y coordina el sistema nervioso. Este sistema se distribuye por

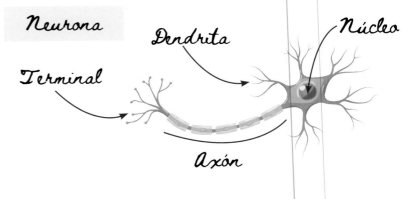

Neurona · Dendrita · Núcleo · Terminal · Axón

todo el cuerpo y se compone de neuronas y nervios que se comunican con el cerebro conectándolo con el resto de órganos, músculos, etc.

Una de las partes del cerebro, el **cerebelo**, controla las funciones motoras, es decir, el equilibrio y la coordinación de los movimientos. Esto nos permite aprender, por ejemplo, que si queremos andar tenemos que mover los músculos de una pierna, levantar el pie, doblar la rodilla, apoyarlo, luego el otro, etc., sin necesidad de tener que pensar en cada uno de estos pasos.

Partes del cerebro

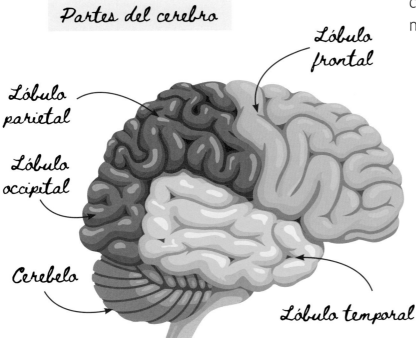

Lóbulo frontal · Lóbulo parietal · Lóbulo occipital · Cerebelo · Lóbulo temporal

Círculos locos

Necesitas
- Una silla
- Tu propio cuerpo

5 minutos

01 ¡Es muy sencillo! Siéntate con los pies apoyados en el suelo.

02 Eleva tu pie y empieza a girarlo en el sentido de las agujas del reloj.

03 Sin dejar de girar el pie, levanta el brazo e intenta hacer con él un círculo en el sentido contrario.

04 ¿Puedes lograr hacer los dos círculos inversos a la vez?

Si lo consigues dejarás sorprendidos a todos, incluso a tu gato.

¿Qué está pasando?

¿Tu pie ha empezado a hacer movimientos extraños? ¡No te preocupes! ¡Es que es muy difícil! Nuestro cerebro controla el cuerpo de manera coordinada y es muy difícil romper esa coordinación aprendida. Por eso, aunque nos concentremos, nuestro cerebro no puede realizar dos acciones descoordinadas a la vez.

¿Tiene mi cuerpo electricidad?

Sabemos que la electricidad sirve para que podamos tener luz, utilizar electrodomésticos y otro tipo de tecnología, desde las bombillas hasta la nevera, pasando por un teléfono móvil. La electricidad puede ser peligrosa, por eso hay que tener cuidado con cables y enchufes, pero has de saber que también está en nuestro cuerpo.

Es muy posible que alguna vez te haya dado un calambre al tocar un objeto o incluso al rozar a otra persona, a pesar de que no haya nada enchufado o que parezca que no hay ningún tipo de corriente eléctrica. Esto ocurre por la electricidad estática.

Nuestro cuerpo es capaz de conducir la electricidad y retener algo de energía. Así que, si tocamos algo que está cargado de energía, luego podremos descargarla y dar un pequeño calambre.

La electricidad estática se produce como consecuencia de la relación entre dos materiales o superficies que tienden a tener una pequeña **carga eléctrica**, negativa o positiva, y cuando entran en contacto se produce esta pequeña descarga, que son los calambres.

Dos cargas distintas se juntan

Dos cargas positivas iguales se separan

Dos cargas negativas iguales se separam

Burbujas bailarinas

⏳ **15 minutos**

Necesitas

- Un peine de plástico
- Un trozo de una prenda de lana
- Alambre
- Un vaso
- Agua
- Jabón de lavavajillas

01 Dobla el alambre hasta darle una forma similar a una piruleta.

02 Mezcla en el vaso el agua con un poco de lavavajillas hasta hacer espuma.

03 Frota el peine con fuerza en la superficie de lana que hayas elegido unas 15 veces.

04 Sumerge el alambre en el agua y sopla con cuidado para formar burbujas.

05 Acerca el peine a las burbujas y observa lo que sucede. ¡Es mágico!

¿Qué está pasando?

Al acercar el peine a las pompas parece que algunas son atraídas y otras se repelen, como si las burbujas bailaran sobre él. Cuando hemos frotado el peine sobre el trozo de lana lo hemos cargado de electricidad estática. Las burbujas se acercan o atraen gracias a esta carga y al intercambio eléctrico.

Huellas dactilares:
cada una es única

Las huellas dactilares son el dibujo de la yema de nuestros dedos que se compone de líneas circulares y curvas, principalmente. Estas huellas tienen una serie de características muy interesantes.

Duran toda la vida de una persona, ya que se forman cuando todavía no hemos nacido y seguimos en el vientre materno. Además, no cambian nunca: si nos hacemos un corte o una herida la piel se cura manteniendo exactamente la misma forma que tenía al principio.

Otra característica que tienen es que son absolutamente únicas. No existen dos personas con las mismas huellas dactilares. Esto significa que las manos son una forma clara de identificar a una persona. Eso hace que en las investigaciones policiales las huellas dactilares sean una

Huellas dactilares

prueba muy importante para encontrar a los responsables, como en las películas. Si encontramos la huella dactilar de una persona en un objeto o en un lugar sabemos con una seguridad del 100 % que fue esa persona, y no ninguna otra, la que tocó ese objeto dejando su huella.

Comprueba... ¿Qué pasará?

Como los detectives, primero hay que sacar las muestras de las pruebas (el vaso), y después hay que compararlas con las sospechosas. Tomar las muestras con lápiz sirve para comparar las huellas de los sospechosos con las muestras. Prueba con las huellas del resto de tu familia y amigos.

Trabajo de detectives

Necesitas

- Maicena (almidón de maíz)
- Algodón
- Unas pinzas
- Un lápiz
- Un papel blanco
- Una cartulina negra
- Una lupa
- Cinta adhesiva
- Un vaso de vidrio o cristal transparente

 30 minutos de preparación

 1 hora de observación

Consejo

El experimento es un poco complicado, no te preocupes si tienes que repetirlo varias veces hasta que te salga bien, ¡eso forma parte de hacer ciencia!

01 Sujeta el vaso apretando bien tus dedos encima, dejando toda la huella.

02 Con las pinzas coge una pelotita de algodón e impregna de maicena. Sacude el algodón para eliminar el exceso.

03 Sin presionar demasiado y con la pinza, pasa el algodón por encima de las huellas del vaso. Verás cómo se marcan en color blanco al adherirse la maicena a las marcas que ha dejado un dedo.

04 Pega un trozo de cinta adhesiva sobre la huella impregnada en maicena. Al retirar la cinta del vaso la maicena quedará pegada con tu huella. Pega la cinta adhesiva sobre una cartulina negra.

05 En un papel, frota el lápiz con fuerza coloreando un cuadrado. Posa los dedos en él manchando bien la huella dactilar. Pega cinta adhesiva sobre la huella, retírala y pégala en un papel en blanco.

06 Con la ayuda de la lupa, compara la muestra que has tomado en el vaso con la que has obtenido con el lápiz.

11

El diccionario de la información genética: el ADN

¿Por qué nos parecemos tanto a nuestros familiares? ¿Sabes que hay algo único en cada persona o ser vivo que lo diferencia de todos los demás? Se trata del ácido desoxirribonucleico, más conocido como el ADN.

El ADN es el libro de instrucciones donde está toda la información genética para producir diferentes células. Por ejemplo, en nuestro ADN está «escrito» cómo producir las células de la piel, cómo será nuestro color de pelo o incluso cómo respirar.

El ADN es una molécula muy larga con forma de doble hélice y se encuentra en el núcleo de todas nuestras células. Todos los seres vivos tienen ADN en cada una de sus células y en cada individuo es diferente.

Es una molécula microscópica que no podemos ver a simple vista, pero si la estiramos, como al desenrollar un hilo, el ADN dentro de cada célula mide casi 2 metros de largo. Si logramos romper las células y apelmazar todo el ADN dentro de cada una de ellas, lograremos verlo sin necesidad de utilizar un microscopio.

Contempla tu propio ADN

5 minutos

Necesitas

- Tres vasos transparentes
- Dos cucharas pequeñas
- Una cuchara grande
- Detergente líquido
- Agua
- Sal fina
- Alcohol 96°

01 En el primer vaso añade cuatro cucharadas de agua y ve añadiendo cucharadas pequeñas de sal hasta que no se pueda disolver más.

02 En el segundo vaso prepara una mezcla de cuatro cucharadas de agua con dos de jabón líquido.

03 Coge un pequeño sorbo de agua del grifo, enjuágate la boca durante un minuto y luego échalo en el tercer vaso.

04 Añade al vaso con saliva dos cucharadas grandes de agua con sal, una de agua con jabón y remueve bien hasta que quede mezclado.

05 En ese mismo vaso añade el alcohol dejándolo caer por la pared hasta que quede una gruesa capa sobre nuestra mezcla.

06 Por último, observa las fibras que aparecen entre las dos fases líquidas, ¿sabes qué son?

¿Qué está pasando?

Esas fibras blancas que aparecen entre nuestra muestra y el alcohol es tu ADN. Al enjuagarte la boca has recogido las células que se desprenden de sus paredes, de las encías y de la lengua. Estas células, en su núcleo, contienen tu ADN.

La contracción muscular

El ser humano necesita los músculos para moverse. Es un sistema muy completo: ¡tenemos más de 600 músculos en el cuerpo!

Los músculos son fibras elásticas que recorren todo nuestro cuerpo entre los huesos y la piel. Al contraerse, se acortan, y al relajarse nos permite mover los huesos. También hay músculos que forman las paredes de muchos órganos, como el corazón o los intestinos.

Cuando no están activos, adoptan una posición relajada para consumir la mínima energía posible. Es importante ejercitar nuestros músculos haciendo ejercicio, para que estén preparados para moverse y ser más fuertes.

Para hacer el movimiento del cuerpo, los músculos reciben órdenes del cerebro. El cerebro manda un mensaje a los músculos a través de los nervios que da lugar a una reacción química para que el músculo se mueva. Cuando deja de emitirse esa señal, los músculos se relajan.

Fibras musculares

Comprueba... ¿Qué pasará?

¡Parece que flotas! Es como si tu brazo siguiese ejerciendo esa fuerza, pero esta vez sin resistencia de la puerta. Este efecto de ilusión es una contracción involuntaria de los músculos.

Vamos a flotar

Necesitas
- El marco de una puerta
- Tu propio cuerpo

⏳ **5 minutos**

01 Colócate de pie en el centro del marco de una puerta que esté abierta. Tu perrito puede acompañarte.

02 Coloca las manos a los lados y levanta los brazos hasta que el dorso de las manos toque el marco de la puerta.

03 Presiona el marco con el dorso de la mano aplicando fuerza y cuenta hasta 30 segundos.

04 A continuación relaja los brazos y da un paso fuera de la puerta... ¿Qué notas?

Huesos, articulaciones y tendones

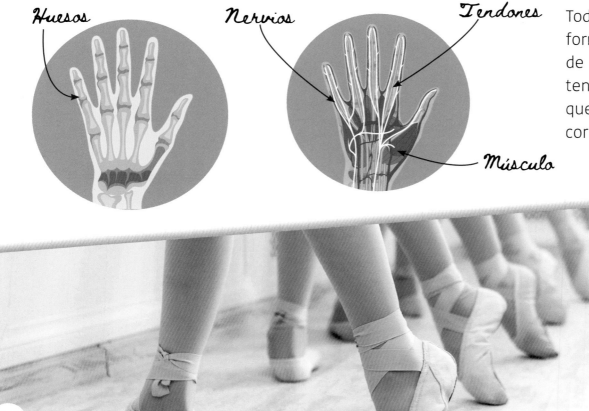

Nuestro cuerpo se sostiene gracias a diferentes elementos: el esqueleto, formado por todos los huesos del cuerpo; y la musculatura, formada por todos los músculos. Si los huesos hacen la función de soporte, los músculos facilitan la fuerza que nos permite movernos, pero necesitamos algo que relacione las dos partes.

Para hacer de enlace entre los músculos y el esqueleto tenemos las articulaciones y los tendones. Las articulaciones son las que permiten que nuestro esqueleto no sea rígido, sino que pueda moverse en determinadas partes como los codos, los tobillos, las rodillas, los dedos, etc.

Los tendones sirven para completar el movimiento: conectan los músculos que van a hacer la fuerza con los huesos, de manera que se pueda transmitir el movimiento a todas y cada una de las partes.

Huesos

Nervios

Tendones

Músculo

Todo este sistema forma una red compleja de músculos, huesos, tendones y articulaciones que nos permite andar, correr y jugar.

La mano que se mueve

Necesitas

- Una cartulina
- Un lápiz o rotulador
- Unas tijeras
- Cinco pajitas
- Hilo de lana
- Cinta adhesiva

30 minutos

Atención

Cuidado con las tijeras, ¡no te cortes!

01

Coloca tu mano sobre la cartulina con la palma hacia abajo y los dedos extendidos y separados. Con el lápiz o el rotulador dibuja su contorno sobre la cartulina.

02

Recorta la mano que has dibujado en la cartulina. Hazlo bien, con todos los dedos y su tamaño original.

03

Corta las pajitas del mismo tamaño que los huesos de tu mano y pega con la cinta adhesiva los trozos en la cartulina dejando una pequeña separación.

04

Pasa un hilo de lana por dentro de cada pajita en cada dedo. Pega la punta del hijo al final de cada dedo correspondiente.

¿Qué está pasando?

Las pajitas simulan los huesos de la mano y la separación entre ellos en las partes en las que se doblan son las articulaciones. El hilo de lana hace de tendones, de manera que comunica cada uno de los huesos a cada lado de la articulación.

05

Tira de uno o varios hilos a la vez y observa lo que ocurre.

¿Cómo de sensibles somos al tacto?

Las personas nos relacionamos con nuestro entorno a través de los cinco sentidos: la vista, el oído, el gusto, el olfato y el tacto. Gracias a la información que recogemos a partir de todos ellos podemos entender mejor el mundo que nos rodea y tomar decisiones sobre lo que debemos hacer o cómo comportarnos.

Algunas de esas decisiones son pensadas y otras nos salen instantáneas o de manera inconsciente. Por ejemplo, cuando en la calle escuchamos el pitido de un coche nos ponemos alerta, ya que gracias al sentido del oído detectamos que puede haber algún peligro. Esto quiere decir que nuestros sentidos están adaptados a lo que necesitamos de ellos para conseguir extraer la cantidad de información que necesitamos para estar a salvo, pero al mismo tiempo, tampoco abrumarnos con demasiados datos superfluos.

Pues con el sentido del tacto sucede exactamente igual. Aunque tenemos receptores del tacto repartidos por todo nuestro cuerpo, no todas las partes del mismo son igual de sensibles. Por ejemplo, nuestras manos son mucho más sensibles al tacto que nuestra espalda, ya que con las manos es con lo que haremos las tareas más delicadas y donde necesitamos tener más sensibilidad, porque son nuestra herramienta principal para tocar y reconocer las cosas con solo una caricia.

El clip mágico

Necesitas
- Un clip
- Un pañuelo oscuro de tela

Atención
Este es un experimento para dos personas.

01 Desdobla el clip hasta conseguir que tenga forma de «U».

02 Véndate los ojos con el pañuelo hasta que sientas que no puedes ver nada.

03 Pide a la otra persona que vaya tocando en distintas partes de tu cuerpo con el clip.

¡cuack!

04 Adivina si están presionando con uno o con los dos extremos del clip, y di cuántos «pinchazos» notas.

05 Repite la prueba en varias zonas del cuerpo, brazos, mano, espalda, piernas, planta de los pies, etc.

¿Qué está pasando?

En las zonas del cuerpo donde tenemos más receptores al tacto distinguiremos si nos toca uno o los dos extremos, pero en las menos sensibles, aunque nos pinchen con los dos extremos a la vez, notamos solo uno. Se puede cambiar la separación entre los extremos y volver a probar.

19

¿Puede el cerebro engañar a los ojos?

Los ojos son los órganos de nuestro cuerpo que nos permiten percibir, gracias a la luz, cómo son las cosas: su forma, tamaño, color, etc. Su estructura es muy compleja porque es un órgano muy sensible que debe estar muy protegido. Por eso contamos con barreras, como las pestañas, los párpados o las cejas, que dificultan que nos entre algo en los ojos.

La luz entra a través del iris, que se abre o cierra para regular la cantidad de luz, y llega hasta la retina. En la retina hay unas células, llamadas **fotorreceptores** (conos y bastones), que se encargan de transformar la luz en información a través de una reacción química. Esta información se envía al cerebro, que reconstruye la imagen definitivamente utilizando y combinando la información de nuestros dos ojos.

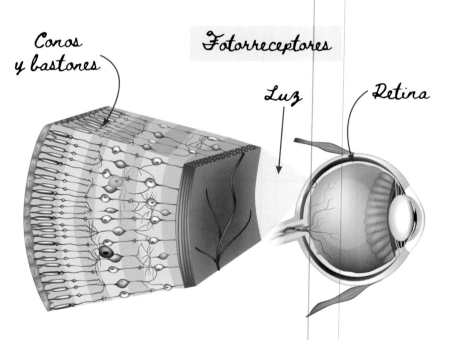

Conos y bastones

Fotorreceptores

Luz

Retina

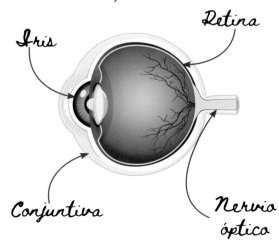

Iris

Retina

Conjuntiva

Nervio óptico

Esta reacción química es muy rápida, tarda menos de una décima de segundo, pero hace que la imagen permanezca grabada en nuestra retina hasta ser analizada, casi como una fotografía. Esto se conoce como persistencia retiniana y permitió la creación de un primer «vídeo», que consistía en pasar rápidamente de una imagen a otra para dar sensación de movimiento.

El pájaro enjaulado

Atención
Cuidado con las tijeras, ¡no te cortes!

Necesitas
- Un vaso
- Un folio de papel
- Lápices o rotuladores para colorear
- Lana o cuerda
- Máquina para hacer agujeros
- Unas tijeras
- Pegamento en barra

20 minutos

01 Coloca el vaso del revés sobre el papel y úsalo como plantilla para dibujar dos círculos que sean iguales.

02 Corta los círculos y dibuja en uno un pájaro y en otro una jaula.

03 Pega los dos círculos por la parte blanca y con la jaula del revés como se indica en la imagen de la izquierda.

04 Haz dos agujeros a cada lado con ayuda de la máquina o con las tijeras.

05 Corta dos trozos de lana del tamaño de tu brazo y coloca cada uno a través de los agujeros de cada lateral del dibujo. Hazles un nudo al final.

06 Agarra los extremos anudados con cada mano y hazlo girar sin tirar. Cuando haya girado, estira los brazos y tensa la cuerda. ¿Cómo ves al pájaro?

¿Qué está pasando?

Cuando el dibujo gira, tus ojos solo ven un pájaro enjaulado, pero sabemos que son dibujos diferentes. Los círculos giran tan rápido que tu cerebro no puede separar los dibujos, por eso ves un dibujo de un pájaro enjaulado.

Dos ojos y una imagen: la visión binocular

Para que podamos ver necesitamos solo dos cosas: la luz y los ojos.

Cuando miramos algo lo que ocurre es que la luz choca contra el objeto y es reflejada hacia nuestro ojo. Esta luz que reciben los ojos es enviada al cerebro, quien lo interpreta y nos da información, como el tamaño, el color o la distancia a la que se encuentra.

Por eso, si miramos el mismo objeto desde ángulos diferentes, su imagen varía porque la trayectoria de la luz que estamos recibiendo es diferente.

El cerebro procesa los impulsos del nervio óptico

La imagen se da la vuelta

La imagen está invertida

¿Qué números ves aquí?

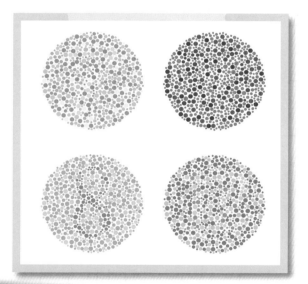

Nuestros ojos, aunque están cerca, se encuentran un poco separados y procesan imágenes en ángulos distintos. Así, la información que recibe cada ojo es ligeramente diferente. Nuestro cerebro combina ambas imágenes enviadas por los dos ojos para poder medir la profundidad a la que se encuentran los objetos, es decir, para poder ver en tres dimensiones. Esta manera de integrar las dos imágenes se llama visión binocular.

Un agujero en mi mano

5 minutos

Necesitas
- Hoja de papel
- Cinta adhesiva

01 Enrolla la hoja de papel por su lado largo haciendo un tubo y pégalo por el borde para que no se desenrolle.

02 Ese tubo de papel que has hecho debes colocarlo delante de tu ojo derecho.

03 Mira hacia adelante con los dos ojos abiertos. Sitúa la mirada hacia un punto fijo.

04 Poco a poco, pon la palma de la mano izquierda en el borde del rulo del papel hasta que lo toques.

05 ¿Puedes ver a través de tu mano? Prueba también cambiando el tubo de ojo. ¡A veces nuestro cuerpo tiene preferencia por un ojo u otro!

¿Qué está pasando?

Parece que hay un agujero en tu mano y ves a través de ella. El ojo izquierdo ve perfectamente, pero el derecho solo ve el fragmento redondo al final del tubo. El cerebro recibe ambas imágenes y trata de recomponerlas en una sola.

¿Cómo suenas por dentro?

Seguro que en alguna ocasión has escuchado cómo te sonaba o «rugía» el estómago. Es algo muy normal y suele suceder cuando tenemos hambre. En realidad, el sonido que escuchas se debe a los movimientos de los intestinos durante el ciclo de la digestión.

Pues esto mismo ocurre con muchos órganos de nuestro cuerpo. Aunque no nos demos cuenta, los órganos están funcionando constantemente y muchos de ellos emiten sonidos, aunque afortunadamente nosotros no tenemos los oídos lo suficientemente sensibles como para escucharlos, porque ¿te imaginas estar todo el tiempo aguantando una orquesta interna?

¡¡GRRRRR!!

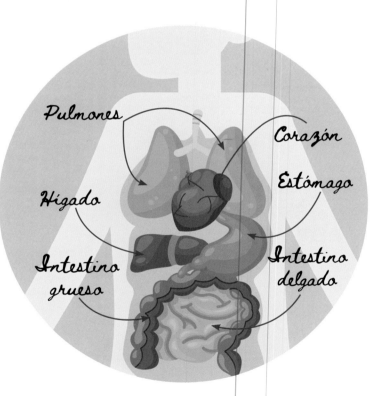

Pulmones
Corazón
Estómago
Hígado
Intestino grueso
Intestino delgado

En realidad, como ocurre con cualquier máquina, los sonidos que hacen nuestros órganos pueden ser una forma de saber si están funcionando correctamente o no. Por eso los médicos utilizan un aparato llamado estetoscopio para escuchar con mayor nitidez el sonido de los latidos del corazón, los pulmones, etc.

Haciendo un estetoscopio casero

⏳ **30 minutos**

Necesitas

- Dos embudos pequeños
- Una manguera o tubo flexible
- Cinta adhesiva
- Unas tijeras

01 Corta un trozo de una manguera vieja o un tubo flexible de aproximadamente medio metro de longitud.

02 Coloca los dos embudos en los extremos de la manguera, insertándolos dentro.

03 Sella con cinta adhesiva los embudos a la manguera, para asegurarte de que no se salen y que quedan bien firmes y sujetos.

04 Coloca uno de los embudos en tu oreja y pon el otro sobre el corazón de otra persona. ¡Tienes tu estetoscopio!

¿Qué está pasando?

Los embudos son un amplificador de sonidos, transmitidos a través de la manguera. Por eso escuchamos los latidos del corazón. Pídele a la otra persona que corra un poco y al volver a escuchar el ritmo del corazón será más acelerado.

25

¿Cómo funciona el oído humano?

Nuestro sistema auditivo es mucho más complejo de lo que puede parecer. Además de la parte visible, las orejas y el canal auditivo, hay muchos más componentes que sirven tanto para protegerlo como para ayudarnos a percibir los sonidos de manera correcta.

El sonido se produce gracias a las vibraciones que se transmiten a través del aire y que llegan finalmente a nuestros oídos. Nuestras orejas están diseñadas con esos pliegues para amplificar las vibraciones y conducirlas a través del canal auditivo hasta nuestro tímpano.

El tímpano sirve como una membrana que transmite las vibraciones a una cadena de huesecillos, de una forma similar a como funciona un tambor: golpeamos la membrana y la vibración se transmite hasta la caja de resonancia amplificando el sonido.

Este sistema tan completo se forma por muchas piezas que tienen que encajar bien para lograr tener un oído sano y una escucha nítida.

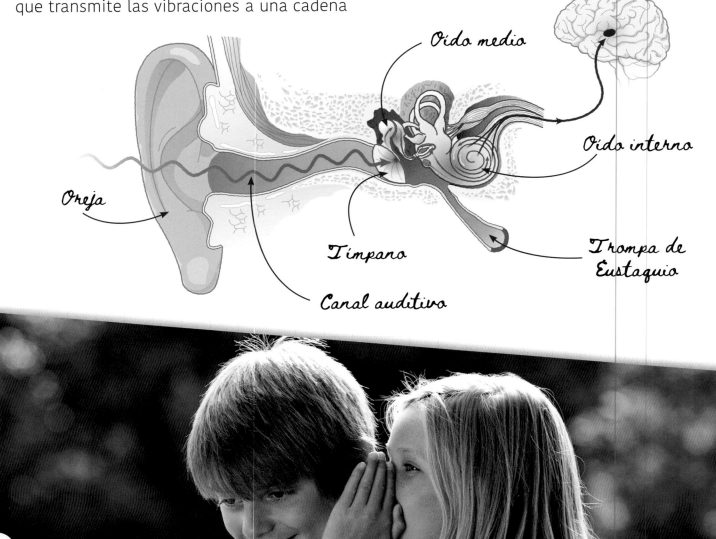

Oído medio

Oído interno

Oreja

Tímpano

Trompa de Eustaquio

Canal auditivo

Fabrica un tímpano

⏳ **30 minutos**

Necesitas

- Una bandeja de corcho
- Film transparente
- Cinta adhesiva
- Una pajita
- Una pelota de pimpón
- Plastilina
- Unas tijeras
- Un recipiente transparente
- Agua

01 Recorta un cuadrado en el centro de la bandeja de corcho y luego ciérrala con el film.

02 Pega a la pelota de pimpón el extremo corto de la pajita.

03 Haz pasar el extremo largo de la pajita a través del cuadrado recortado en la bandeja y pégalo en el film.

04 Llena el recipiente transparente con agua.

05 Coloca la bandeja recortada en vertical en un lateral del recipiente con agua. La pelota debe quedar flotando en el agua.

¿Qué está pasando?

El film de la bandeja transmite la vibración, a través de la pajita, a la pelota que flota. Por efecto del sonido, la pajita vibra y mueve la pelota, provocando las ondas en el agua. Algo similar ocurre cuando el tímpano transmite la vibración para que el cerebro pueda interpretarlo.

06 Provoca sonidos, dando palmadas, haciendo ruido y cualquier cosa que se te ocurra, en el lateral donde se encuentra el film y observa qué sucede con la pelota en el agua.

¡PLAS! ¡PLAS!

27

Escuchando a través de la vibración

El sonido se trasmite a través de vibraciones y nuestro oído está diseñado para poder captarlas: los pliegues de nuestras orejas nos sirven tanto para amplificar las vibraciones y poder identificar mejor los sonidos como para saber desde dónde proceden.

Una de las mejores formas de entender la importancia de las vibraciones en cómo percibimos los sonidos es nuestra propia voz. Nosotros nos escuchamos de una manera concreta, pero cuando escuchamos nuestra voz grabada siempre nos parece que es distinta.

Epiglotis

Tráquea

Cuerdas vocales

Cerrado

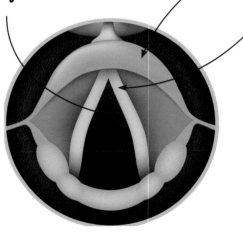

Abierto

La razón de que esto suceda es que cuando hablamos no solo estamos emitiendo sonidos por nuestra boca, sino que también se están produciendo vibraciones en nuestras cuerdas vocales y en nuestro cuerpo que llegan hasta nuestros oídos. Por eso cuando escuchamos una grabación de nuestra voz la escuchamos sin las vibraciones que se provocan en nuestro cuerpo al hablar y nos suena diferente.

El tenedor que vibra

5 minutos

Necesitas

- Un tenedor
- Un hilo
- Unas tijeras

01 Corta un trozo de hilo del largo aproximado de tu brazo.

02 Anuda un tenedor para que quede justo en el centro del hilo.

03 Enrolla los extremos del hilo en tus dedos índices y deja el tenedor colgando.

04 Golpea con suavidad las puntas del tenedor sobre una mesa, y escucha el sonido que produce.

¿Qué está pasando?

Al golpear el tenedor con los dedos en los oídos la vibración se transmite a través del hilo y percibimos el sonido distinto, igual que notamos diferente nuestra voz grabada.

05 Vuelve a golpear las puntas del tenedor en la mesa, pero esta vez, metiendo los dedos índices atados al hilo en tus oídos, como si los taparas.

¿Qué escuchas ahora?

29

El sabor está en el cerebro

¿Por qué cada comida nos sabe diferente? Seguro que hay comidas que a ti te gustan, pero a otra gente no. El gusto es uno de nuestros sentidos básicos que nos aporta información del exterior sobre cuál es el sabor de las cosas que comemos.

Gracias a las papilas gustativas de la boca podemos detectar diferentes sabores por toda la lengua. Estas papilas tienen muchas terminaciones nerviosas que la conectan con el cerebro. Así que, cuando comemos algo, cada papila manda esa información al cerebro, que es quien reconoce los sabores.

Pero el sabor de los alimentos no lo percibe solo la lengua, también el olfato. Nuestra nariz percibe el aroma, el olor, de los alimentos y manda la información al cerebro. Así, cuando comemos, no solo lo hacemos con la boca, sino que también intervienen otros sentidos y órganos.

Además, cada persona puede tener una sensibilidad especial para cada sabor, gustando más el ácido que el dulce, por ejemplo. Esto es lo que hace a cada persona única en gustos.

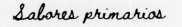

Sabores primarios

Agrio

Umami

Amargo

Salado

Dulce

¿A qué saben las patatas?

Necesitas

- Una bolsa de patatas fritas solo con sal
- Una venda para tapar los ojos
- Alimentos con olores fuertes y característicos: queso, naranja, menta, fresa, piña, etc.

5 minutos

Atención

Este es un experimento para dos personas.

01

Con una venda o un pañuelo tapa los ojos a la otra persona. ¡Que no vea nada!

02

Abre la bolsa y dale una patata frita para que se la coma. Deja cerca otro alimento de los que hayas seleccionado.

03

Sin que se de cuenta, acércale a la nariz un trozo de un alimento.

04

Adivina, adivinanza... ¿A qué sabe ahora la patata?

¿Qué está pasando?

Creerá que está comiendo una patata con sabor a lo que huele. El cerebro recibe la información de la lengua, pero también de la nariz, haciendo que parezca que se están comiendo ambas cosas a la vez.

Lávate bien las manos

A lo largo del día nuestras manos están en contacto con todo tipo de superficies y objetos. Las manos son nuestra principal herramienta, las utilizamos para jugar, para estudiar, para dibujar, para comer, etc. Son una de nuestras vías de contacto más directas con el mundo que nos rodea y, por lo tanto, también de las más expuestas.

Todo tipo de sustancias, microorganismos y suciedad se pueden quedar pegados a nuestras manos y muchos de ellos son tan pequeños que no los vemos, como los virus. Por eso es muy importante lavarnos las manos, especialmente antes de comer, al volver a casa o antes de tocarnos la cara, la boca o la nariz.

Cuando nos lavamos las manos es imprescindible hacerlo con agua y jabón, no solo con agua. La principal diferencia es que el jabón hace que todas las sustancias que tenemos en las manos se despeguen, mientras que el agua es incapaz de hacerlo con la misma eficacia.

El **jabón** deja nuestras manos mucho más limpias.

Cómo lavarse las manos

6. ¡No te olvides de las muñecas!
1. Agua y jabón
2. Palma contra palma
3. Entre los dedos
4. Lava los pulgares
5. El dorso de las manos

32

La pimienta que huye

Necesitas

- Un plato hondo o un tazón
- Pimienta negra
- Una cuchara pequeña
- Jabón líquido
- Agua

5 minutos

01
Llena el plato con agua usando una jarra con mucho cuidado.

02
Con ayuda de la cuchara, espolvorea la pimienta negra sobre el agua que has vertido en el plato.

03
Espera hasta que la pimienta esté distribuida por toda la superficie del agua.

04
¡Atención ahora! Tienes que colocar unas gotas de jabón líquido justo en la punta de tu dedo.

05
Por último, toca con el dedo en el que pusiste el jabón el centro del plato y observa lo que ocurre.

Qué está pasando

La pimienta flota repartida por todo el plato, pero al añadir el jabón se desplaza hacia los bordes, como si el jabón repeliera la pimienta. Por eso al lavarnos las manos con jabón se desprende toda la suciedad.

33

Cómo se desinfecta una herida

Muchas veces nos hacemos pequeños cortes o arañazos que no suponen ningún riesgo para nuestra salud en un primer momento porque son heridas que se van a cerrar de forma natural y muy rápida, sin necesidad de puntos ni atención médica.

A pesar de eso, existe otro riesgo que no tiene que ver con la profundidad o lo seria que sea la herida, sino con la posibilidad de que se infecte. Una herida es una zona que puede actuar como entrada a nuestro cuerpo de virus, bacterias, hongos u otros microorganismos que pueden hacer que desarrollemos enfermedades. Por eso siempre es conveniente desinfectar las heridas cuando sufrimos.

Virus

Bacterias

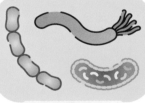

Hongos

Al desinfectar una herida lo que estamos haciendo es limpiarla para asegurarnos de que ninguna enfermedad pueda aprovechar esa zona débil de nuestro cuerpo para colarse e infectarnos. Así ayudamos a las defensas del cuerpo a hacer su tarea y a que la herida se cierre de manera natural.

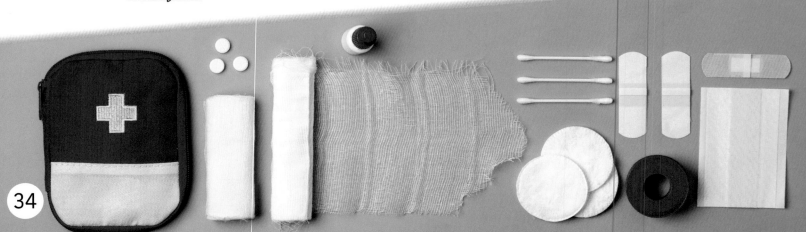

La espuma blanca

⏳ **15 minutos**

❗ Recomendación

Una forma sencilla de conseguir la muestra de sangre es recoger el agua que queda al descongelar carne en casa.

Necesitas

- Agua oxigenada
- Un vaso
- Unas gotas de sangre de algún alimento de carne como la ternera o el cerdo

01 Con cuidado, vierte unas pocas gotas de sangre en el fondo del vaso, limpio y vacío.

En el mismo vaso, añade a continuación un buen chorro de agua oxigenada.

02

03 Observa lo que sucede: ¿a que sale una espuma blanca? ¡Sorpresa! Es una reacción química...

¿Qué está pasando?

Cuando el agua oxigenada entra en contacto con la sangre se descompone en agua y oxígeno. Sucede a mucha velocidad y provoca que aparezca esa espuma blanca. La mayoría de las bacterias que causan enfermedades viven en ambientes sin oxígeno, por lo que al entrar en contacto con la espuma del agua oxigenada mueren. ¡Así desinfecta!

Los organismos que no vemos

En nuestro día a día estamos expuestos y en contacto con todo tipo de organismos.
A algunos, como las plantas, insectos y animales, somos capaces de verlos sin ningún problema, pero también estamos cada día en contacto con organismos microscópicos.

L as bacterias, los hongos y los virus están muy presentes en nuestra vida, aunque la mayoría de ellos resultan inofensivos o no ponen en riesgo grave nuestra salud, es importante mantener una serie de hábitos de higiene que nos protejan de ellos.

Virus, bacterias, hongos y protozoos son gérmenes que pueden causar enfermedades. Son virus los que causan la gripe, la varicela o el sarampión, mientras que hay bacterias que pueden causar caries en tus dientes. Un hongo causa el pie de atleta y un protozoo, infecciones intestinales. Así que... ¡Mantén una buena higiene!

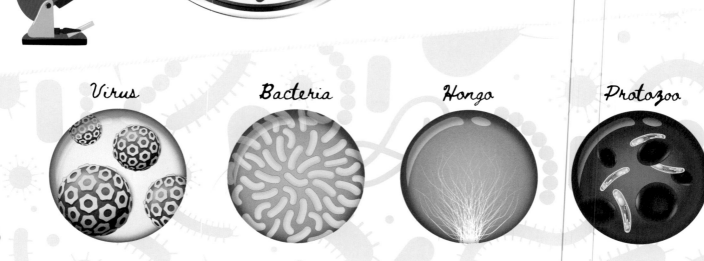

Virus   Bacteria   Hongo   Protozoo

Cultivando bacterias

Necesitas

- Dos rebanadas de pan de molde
- Agua
- Jabón
- Dos bolsas o film transparente para envolver sándwiches

15 minutos de preparación

1 semana de observación

01
Cuando vuelvas del colegio, coge una de las rebanadas de pan de molde y presiona tu mano en la parte de la miga, dejando tu huella.

02
A continuación, lávate muy bien las manos con agua y jabón.

03
Con las manos lavadas coge una segunda rebanada y vuelve a presionar la mano.

04
Guarda las dos rebanadas en las bolsas o film transparente y ciérralas. Que queden bien selladas.

05
Observa lo que sucede durante una semana en ambas rebanadas... ¿Hay una más verdosa que la otra?

¿Qué está pasando?

La rebanada que tocas con las manos sucias desarrolla manchas verdosas por los hongos y bacterias que le ha transmitido tu mano. La otra rebanada estaba libre de microorganismos.

Microorganismos que viven conmigo

Los microorganismos son pequeños seres vivos de un tamaño tan reducido que solo podemos verlos con ayuda de un microscopio. Los hay de muchos tipos, como las bacterias o los virus, y podemos encontrarlos en muchos lugares distintos, desde los ríos, océanos y mares, hasta la atmósfera, pasando incluso por el suelo.

Lo que tal vez no sepas es que también podemos encontrarlos en nuestro propio cuerpo y uno de los lugares donde hay mayor concentración es en nuestra boca... ¿A que es increíble?

El interior de la boca es una zona húmeda y cálida, lo que hace que sea un sitio perfecto para que vivan determinados tipos de bacterias. Algunas de ellas son las responsables, por ejemplo, de las caries.

Las bacterias no tienen por qué ser malas. En el caso de las personas, seríamos incapaces de hacer la digestión si no fuera por las bacterias que viven en nuestros intestinos y estómago.

Al conjunto de las bacterias que habitan en tus intestinos y estómago se llama flora intestinal y lo forman, nada más y nada menos, que cien billones (¡con b!) de bacterias.

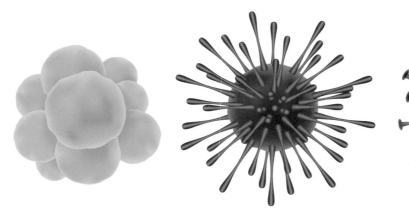

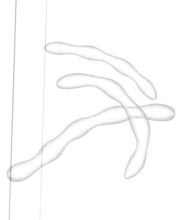

Crear un microscopio casero

⏳ **30 minutos de preparación**

❗ **Recomendación**

Haz el experimento a oscuras para conseguir un mejor resultado. Si eres muy manitas puedes hacer una estructura que sujete la jeringuilla.

Necesitas

- Una jeringuilla sin aguja
- Un láser de baja potencia
- Un vaso
- Agua
- Una pared blanca y lisa

01 Enjuágate la boca con un poco de agua y escupe dentro del vaso.

02 Con la jeringuilla recoge la mezcla de agua y saliva.

Presiona el émbolo de la jeringuilla hasta que quede una gota colgando de la punta, pero sin caer.

¿Qué está pasando?

La gota es esférica, así que actúa como una lupa potente o la lente de un microscopio. La luz del láser pasa a través de la gota y proyecta en la pared lo que hay en su interior. ¡Las formas circulares y sombras son las bacterias que viven en tu boca!

03

04 Apunta el láser a la gota de agua cerca de la pared. Observa lo que ocurre: ¿ves sombras y formas circulares?

39

El viaje de la comida

El ser humano, como el resto de animales, necesita alimento que le dé energía para crecer y vivir. Para conseguir esta energía necesitamos alimentarnos y convertir estos alimentos en nutrientes que nuestro cuerpo pueda usar a través del proceso de la digestión.

La digestión la realiza el aparato digestivo, un conjunto de órganos de nuestro cuerpo, que incluye la boca, el estómago o el intestino, en la que influye tanto la física como la química.

Comenzamos con una parte mecánica: masticar. Es muy importante para hacer pequeños trozos de comida y que la digestión sea más fácil y ligera.

Tras pasar por el esófago la comida llega al estómago, una «bolsa» donde se añaden jugos gástricos ácidos que ayudan a degradar más la comida. A pesar de que a veces los ácidos nos suenen a algo peligroso, en este caso son muy importantes porque nos ayudan a disolver la comida.

Tras pasar por el estómago la comida va al intestino, donde por sus paredes se absorben todos los nutrientes, como minerales, grasas o proteínas. El resto que queda son productos de desecho, que ya no tienen nutrientes, y que expulsamos con las heces y la orina.

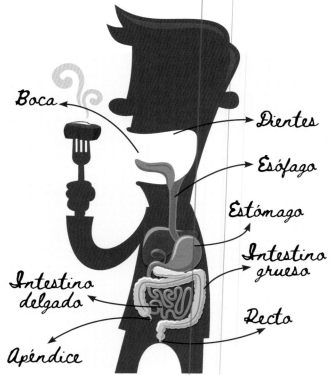

Boca · Dientes · Esófago · Estómago · Intestino grueso · Intestino delgado · Recto · Apéndice

Comprueba... ¿Qué pasará?

Hemos simulado la digestión: machacar los alimentos (masticar), añadir agua (saliva), crear una pasta y ponerla en una bolsa (estómago), añadir vinagre (ácido de los jugos gástricos), en la media (intestino), soltar los nutrientes (el agua que cae en la bandeja) y el intestino grueso (toalla) absorbe el agua, dejando solo desechos.

El estómago tiene química

20 minutos de preparación

Atención
Cuidado con las tijeras, ¡no te cortes!

Necesitas

- Una bolsa transparente con cierre
- Aceite
- Vinagre
- Trozos de pan, galletas o cereales
- Agua
- Una media
- Una bandeja
- Una toalla
- Unas tijeras
- Una cuchara

01 Machaca las migas de pan, galletas o cereales y métalas dentro de la bolsa con un poco de agua.

02 Añade una cucharadita de vinagre o más según la cantidad de alimento que hayas introducido.

03 Cierra la bolsa, mézclalo bien y déjalo reposar 5 minutos.

04 Introduce la mezcla dentro de la media y ponla encima de la bandeja.

05 Aprieta la media haciendo pasar la mezcla hasta el final de la media.

06 Saca la mezcla de la media cortando el final, ponla sobre la toalla y apriétala hasta quitarle toda el agua.

La importancia de las vitaminas

Las vitaminas son unas sustancias que nos ayudan a desarrollar las funciones vitales que nuestro cuerpo necesita y a mantener un buen estado de salud general. Hay muchos tipos de vitaminas y cada una de ellas cumple con algunas funciones específicas.

La vitamina A, por ejemplo, ayuda a la formación de los dientes, al mantenimiento sano del tejido de la piel y otras funciones similares. La vitamina C es antioxidante, protege las encías, nos ayuda a absorber el hierro y fortalece nuestro sistema inmune ante las enfermedades.

Vitamina C

Vitamina A

Las vitaminas tenemos que adquirirlas a través de nuestra comida. Por eso es importante consumir alimentos que sean ricos en vitaminas. Los mejores alimentos para conseguirlas son las frutas y verduras, así que... ¡Asegúrate de comer las suficientes a lo largo del día!

Buscando la vitamina C

Necesitas

- Una cuchara pequeña
- Maicena
- Dos recipientes o vasos
- Agua caliente
- Una jeringuilla sin aguja
- Yodo o Betadine
- Varios alimentos frescos, incluidas verduras, frutas y hortalizas (asegúrate de incluir cítricos como limones y naranjas)

Atención

Cuidado con el agua caliente ¡no te quemes!

30 minutos de preparación

30 minutos de observación

01

Calienta un poco de agua y echa en ella una cucharada de maicena. Remueve bien hasta que se disuelva.

02

Con la jeringuilla toma 20ml (unas 20 gotas) de la mezcla y pásalo a otro recipiente.

03

Añade el yodo gota a gota al vaso mientras lo mueves despacio, hasta que cambie a un azul oscuro.

04

Con la misma jeringuilla, deja caer gotas de la mezcla azul sobre la superficie de distintos alimentos.

05

Observa lo que ocurre ¿De qué color es la gota en cada alimento?

¿Qué está pasando?

El almidón de la maicena reacciona químicamente con el yodo y se pone azul oscuro. Esta reacción se anula con la vitamina C. Por eso al echar una gota cambia de color solo si tiene mucha vitamina C. El mayor cambio es en los cítricos, con mayor cantidad de esta vitamina.

¿Qué son las proteínas?

Seguro que sabes que es muy recomendable comer alimentos ricos en proteínas, pero ¿qué es eso de las proteínas?

Las proteínas son nutrientes que están en muchos alimentos, como huevos, carne, pescado, legumbres y cereales, y también en nuestros músculos, el pelo, la sangre y el corazón. Por esta razón es muy importante consumir proteínas vegetales o animales y mantener una dieta equilibrada, porque nos ayudan a crecer y reforzar nuestro sistema inmune.

Si las miramos al microscopio, las proteínas parecen hilos enredados. Pueden perder esta estructura natural por un proceso llamado «desnaturalización», por un cambio en la temperatura o en la acidez, pero solo cambian su forma, no sus propiedades. Esto pasa más a menudo de lo que pensamos, como cuando cocinamos un huevo. Originalmente, la clara de los huevos es transparente y líquida, pero al cocinarse sus proteínas se **desnaturalizan** y se vuelve blanca y opaca.

Proteína normal

Proteína desnaturalizada

El huevo saltarín

5 minutos de preparación

2 días de observación

Recomendación
Cuando termines de jugar, puedes romper el huevo y observar cómo ha quedado la cáscara.

Necesitas
- Un huevo
- Un tarro con tapa
- Vinagre

01 Quita la tapa y coloca el huevo dentro del tarro procurando que no se rompa.

02 Llénalo de vinagre hasta que cubra el huevo por completo.

03 Cierra el tarro y espera durante dos días para que el vinagre haga su efecto.

04 Saca el huevo del tarro y colócalo bajo el grifo. Límpialo con agua y sécalo bien.

05 ¡A jugar! ¿Qué le ha pasado al huevo? ¡Ha desaparecido la cáscara! y... ¿El huevo rebota? ¿Por qué?

¿Qué está pasando?
La cáscara dura se ha disuelto con el ácido del vinagre. Esas cosas blancas que hay en el bote son restos de la cáscara disuelta. Hay burbujas de dióxido de carbono (CO_2) que surgen de esta reacción. Bajo la cáscara, la membrana se ha vuelto gomosa porque al cambiar la acidez con el vinagre, la proteína albúmina se desnaturaliza y se vuelve menos rígida.

La grasa en los alimentos

Las grasas son lípidos, moléculas que no se disuelven en agua, pero sí en detergentes. Tienen dos funciones importantes en nuestro cuerpo: estructural, ya que forman las membranas de las células del cuerpo, y energética, ya que son una gran fuente de energía y se puede almacenar en el cuerpo. Por eso las grasas sirven de reserva de energía para cuando nuestro cuerpo las necesite.

Podemos encontrar grasas de origen vegetal, como el aceite o en los frutos secos, o de origen animal, como el tocino o la leche. Las grasas vegetales son más sanas cuando no han sido procesadas, cuando nuestro cuerpo puede aprovecharlas de una manera más eficiente. Por eso en una dieta sana debemos consumir sobre todo grasas vegetales. Un consumo excesivo de lípidos hará que nuestras reservas de energía sean demasiadas, nunca lleguemos a gastarlas y engordaremos, teniendo más riesgos de acumular colesterol y otros problemas de salud.

Grasas vegetales saludables

Aceite de oliva

Bloqueo del flujo de sangre por el colesterol

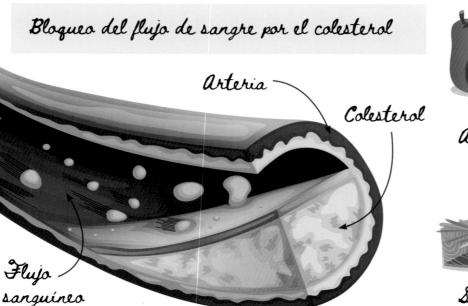

Arteria

Colesterol

Flujo sanguíneo

Aguacate

Nuez

Salmón

Coco

Leche mágica

15 minutos de preparación

Necesitas

- Tres platos hondos
- Leche entera, semidesnatada y desnatada
- Tres bastoncillos
- Jabón líquido
- Colorantes alimentarios

01 Añade a cada plato un tipo de leche hasta cubrir el fondo.

02 Añade unas gotas de colorante de colores separadas.

03 Unta cada bastoncillo con un poco de jabón líquido.

Con la punta del bastoncillo, toca las gotas de colorante con mucho cuidado en los distintos tipos de leche y observa cómo actúa.

04

¿Qué está pasando?

Los líquidos tienen una propiedad llamada tensión superficial: las partículas de su superficie se unen y el detergente rompe esa tensión, haciendo que las gotas de colorante se muevan hacia los bordes y dando lugar a esas bonitas formas y colores. La grasa de la leche no se disuelve en el agua y el colorante se queda más en la superficie en la leche entera que en las otras.

Necesitamos agua, pero ¿de dónde sale?

El agua es el un elemento esencial para la vida. ¿Sabías que tu cuerpo está formado hasta un 70 % por agua? Beber agua e hidratarse es muy importante. ¡Incluso cuando respiramos perdemos agua!

Sin embargo, solo el 3 % de toda el agua del planeta es agua dulce que podemos utilizar como recurso.

Para poder beber el agua o cocinar es necesario limpiarla y convertirla en agua potable, apta para el consumo humano. Además, como es un recurso tan limitado, una vez utilizada la limpiamos para devolverla a la naturaleza. Para esto tenemos dos plantas de tratamiento:

EDAR (Estación Depuradora de Aguas Residuales) que elimina los contaminantes del agua usada y la devuelve al ecosistema.

ETAP (Estación de Tratamiento de Agua Potable) que extrae el agua y la convierte en apta para consumir.

IMPORTANTE: debemos hidratarnos bien, pero también hacer un uso responsable de este recurso tan limitado e importante que es el agua.

Comprueba... ¿Qué pasará?

Has creado una depuradora. Tienes agua mezclada, con el colador separas los grandes sólidos. Dejas reposar el agua y el barro se deposita al fondo (eliminación de partículas más pequeñas). La botella tiene filtros como gasa (el agua turbia no cae tan rápido), carbón (absorbe toxinas y microorganismos), piedras y arena (donde se depositan las impurezas) y algodón (último filtro). Resultado: agua más limpia.

Necesitas

- Una botella de plástico transparente
- Unas tijeras
- Un vaso
- Un colador
- Tierra con restos: arena, palos, hojas, etc
- Gasas
- Algodón
- Arena
- Piedras
- Carbón vegetal
- Agua

¡Qué agua más limpia!

Atención

¡No bebas el agua final! Aunque el agua está más limpia que al principio, no lo está del todo. Y ¡cuidado con las tijeras!

20 minutos de preparación

15 minutos de observación

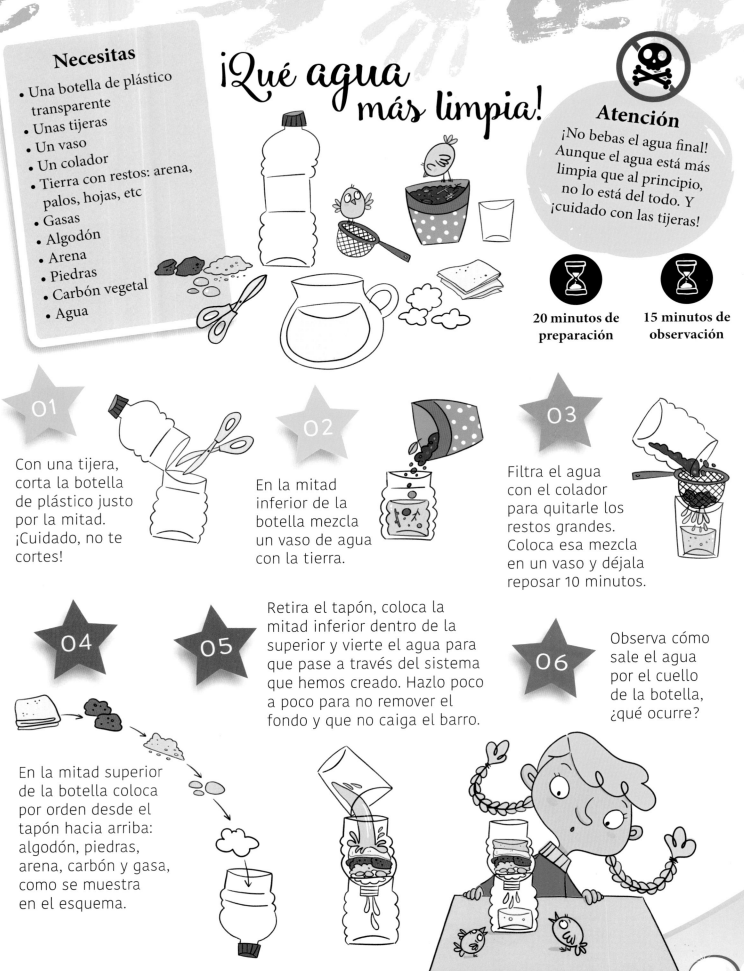

01 Con una tijera, corta la botella de plástico justo por la mitad. ¡Cuidado, no te cortes!

02 En la mitad inferior de la botella mezcla un vaso de agua con la tierra.

03 Filtra el agua con el colador para quitarle los restos grandes. Coloca esa mezcla en un vaso y déjala reposar 10 minutos.

04 En la mitad superior de la botella coloca por orden desde el tapón hacia arriba: algodón, piedras, arena, carbón y gasa, como se muestra en el esquema.

05 Retira el tapón, coloca la mitad inferior dentro de la superior y vierte el agua para que pase a través del sistema que hemos creado. Hazlo poco a poco para no remover el fondo y que no caiga el barro.

06 Observa cómo sale el agua por el cuello de la botella, ¿qué ocurre?

¿Cómo funcionan nuestros pulmones?

Un elemento fundamental que necesitamos para vivir es el oxígeno. El oxígeno está en el aire y el encargado de hacer que penetre en nuestro cuerpo es el sistema respiratorio.

El sistema respiratorio se forma por órganos, músculos y membranas que nos permiten introducir oxígeno y eliminar el dióxido de carbono que producimos al respirar.

Los bronquios se dividen en dos, uno para cada pulmón, y dentro de ellos se ramifican como si fueran las raíces de un árbol. Los pulmones se inflan al entrar el aire, al inspirar, y se vacían cuando sale, al exhalar.

A través de las fosas nasales, los agujeros de la nariz, el aire entra hacia nuestros pulmones atravesando la faringe, la laringe y la tráquea

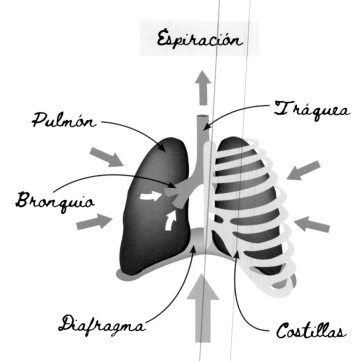

Espiración

Pulmón — Tráquea

Bronquio

Diafragma — Costillas

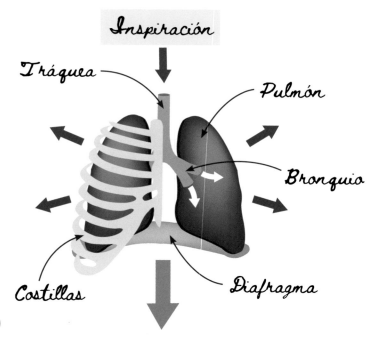

Inspiración

Tráquea — Pulmón

Bronquio

Costillas — Diafragma

hasta llegar a los bronquios. Al final de los bronquios hay alvéolos en contacto con capilares sanguíneos.

Tras los pulmones se encuentra un músculo llamado diafragma. Al inspirar, el diafragma se contrae y baja, haciendo que se muevan los músculos y se eleven las costillas.

Por el contrario, cuando espiramos, el diafragma se relaja y asciende; los músculos se hunden y la cavidad torácica baja haciendo que aumente la presión.

La botella que respira

15 minutos de preparación

Necesitas

- Una botella de plástico
- Una pajita
- Plastilina
- Un globo
- Un guante de látex
- Cinta adhesiva
- Tijeras

O1 Como en el experimento anterior, corta la botella de plástico por la mitad.

O2 Coloca el globo al final de la pajita y pégalo con cinta adhesiva. Asegúrate de que está bien cerrado.

O3 Introduce la pajita por la boca de la botella con el globo dentro de ella.

O4 Sella la boca de la botella con plastilina colocándola alrededor de la pajita, sin que quede ningún hueco.

O5 Coloca el guante en la parte abierta de la botella y apriétalo con cinta adhesiva.

O6 Tira de la parte inferior del guante y suelta. ¿Qué le pasa al globo?

¿Qué está pasando?

Has creado un sistema respiratorio: la parte superior de la pajita (fosas nasales y laringe, recoge el aire); la inferior dentro de la botella (tráquea y bronquios) está conectada al globo (pulmón). La botella simula la caja torácica. Al tirar del guante (diafragma) el globo (pulmón) se infla, como cuando inspiramos. Si soltamos, el globo se vacía, como cuando exhalamos.

Los mocos nos protegen

¿Qué son esas cosas pegajosas y verdes que nos salen por la nariz? Los mocos, aunque no lo parezca, cumplen una función mucho más importante de lo que parece: protegen nuestro cuerpo de infecciones.

Los mocos son una sustancia pegajosa que se crea dentro de la nariz y están hechos sobre todo de agua, pero también tienen un poco de sal y otro de una sustancia llamada mucina, que es una proteína que se usa para hacer algunos pegamentos. Gracias a ella, los mocos pueden estirarse y pegarse.

Cuando respiramos por la nariz, con el aire también entran las partículas que hay en el aire, como polvo, gérmenes y polen. Los mocos atrapan esas partículas y las retienen en la nariz, impidiendo que entren en los pulmones.

Cuando esta partícula entra en la nariz, el moco las rodea y se queda pegada a esos pelos cubre en interior de nuestra nariz.

Los mocos indican que tu nariz funciona, pero tienen muchos gérmenes, así que tocarlos no es buena idea.

Comprueba... ¿Qué pasará?

Nuestra combinación de pegamento y detergente, por reacción química, forma un polímero entrecruzado a través de puentes. Los polímeros son macromoléculas (moléculas pequeñas unidas por puentes). Y los puentes son como las proteínas que crean las mucinas de nuestros mocos: por eso se estiran y son gelatinosos.

Crea «slime» casero

Necesitas

- Un recipiente grande
- Colorante alimenticio verde
- Agua
- Detergente líquido
- Cola blanca o pegamento escolar transparente
- Cuchara o palito de madera

Atención

No te comas la mezcla ni al tires por las cañerías. Cuando termines de jugar, tíralo todo al contenedor de basura.

20 minutos de preparación

01 Coloca en el fondo del recipiente la cantidad de 100 ml de cola blanca.

02 Añade unas gotas de colorante y mézclalo todo hasta que el color verde quede repartido uniformemente.

03 Añade un tapón de detergente líquido y 50 ml de agua.

04 Mezcla bien con un palo o cuchara hasta que todo quede uniforme. Cuanto más lo mezcles, más espeso quedará.

05 Amásalo con las manos y... ¡Ya puedes ponerte a jugar!

06 Si queda demasiado líquido, añade detergente. Si es demasiado rígido, añade agua.

53

¿Cómo funciona el corazón?

El corazón en el órgano más importante de todo nuestro sistema circulatorio, ya que cumple con una función imprescindible: encargarse de que la sangre llegue a todas las partes del cuerpo, desde el cerebro hasta la punta de los dedos, pasando por todos los órganos y músculos.

A través de las venas y arterias la sangre recorre todo nuestro cuerpo, pero para poder llegar allí donde se necesita hace falta algún elemento que bombee la sangre con la suficiente fuerza. Esta es la función del corazón. Las contracciones del corazón o los latidos son los que se encargan de impulsar la sangre para que llegue a todas partes.

Corazón

Vena cava superior

Arteria aorta superior

Vena cava inferior

Arteria pulmonar

Arteria aorta inferior

Sistema circulatorio

Venas

Arterias

Los latidos del corazón no son siempre iguales. Por ejemplo, cuando hacemos ejercicio necesitamos que la sangre llegue rápidamente a los músculos. Por eso se nos acelera el pulso; es que el corazón bombea o late mucho más deprisa para asegurarse de que los músculos puedan soportar el esfuerzo.

Viendo los latidos del corazón

20 minutos de preparación

POM POM POM

Necesitas

- Un recipiente o vaso grande de vidrio
- Agua
- Un globo grande
- Un globo pequeño
- Dos pajitas
- Dos gomas elásticas
- Cinta adhesiva
- Unas tijeras

01 Llena el recipiente con agua hasta más de la mitad.

02 Haz dos pequeños orificios en el globo grande para que quepan las pajitas.

03 Tapa el recipiente con el globo grande bien tenso. Asegúralo con una de las gomas elásticas y cinta adhesiva.

04 Coloca el globo pequeño tapando uno de los extremos de una de las pajitas y asegúralo con una goma elástica y cinta adhesiva.

05 Mete las dos pajitas en los orificios del globo grande y colócate en el lugar donde vayas a hacer el experimento.

06 Presiona varias veces el globo grande con los dedos, como si trataras de meterlos en el recipiente.

¿Qué está pasando?

Al apretar el globo, aumenta la presión dentro, y el agua se sale a chorros por la pajita que no está taponada. ¡Igual que cuando el corazón bombea la sangre! Si presionas más seguido, la cantidad de agua que sale es mayor; igual que si el corazón bombea más deprisa.

55

DEBES CONOCER...

ADN O ácido desoxirribonucleico. Es una molécula que está en el interior de las células, que tiene forma de escalera de caracol y que contiene la información genética que hace que todos seamos diferentes.

Alvéolos Cavidad con forma semiesférica que hay al final de los bronquios donde ocurre el intercambio de oxígeno con la sangre.

Articulación Lugar del cuerpo donde se unen los huesos, como por ejemplo la cadera, el hombro, la rodilla, etc.

Bacteria Es un organismo unicelular (una sola célula) que se alimenta de lo que encuentra en su entorno. Hay bacterias beneficiosas en el estómago para hac er la digestión y bacterias que causan enfermedades e infecciones.

Arteria Vaso sanguíneo que lleva la sangre desde el corazón a otras partes del cuerpo.

Bronquios Es un conducto que se bifurca en la tráquea y luego se va ramificando en los pulmones.

Cerebelo Pequeña parte del cerebro situada en la parte posterior que controla el equilibrio, el movimiento y la coordinación.

Colesterol Es un lípido que puede encontrarse en el plasma sanguíneo. Lo necesitamos, pero cuando hay demasiado, causa muchos problemas de salud.

Diafragma Músculo que está debajo de los pulmones y que es esencial en la respiración al contraerse y expandirse.

Fotorreceptor Células de la retina del ojo con forma de cono o de bastón que transforman la luz en un impulso nervioso.

Hongo Es un organismo multicelular que se reproduce en ambientes húmedos y cálidos y puede causar infecciones.

Flora intestinal También se llama microbiota. Son billones de bacterias que viven en nuestro intestino y que son beneficiosas para sintetizar vitaminas, absorber minerales, proteger de las infecciones, etc.

Lípidos De modo general, nos referimos a ellos como grasas.

Neurona
Célula del sistema nervioso que transmite información a través de impulsos nerviosos.

Iris Parte del ojo que está coloreada (marrón, azul, verde, etc.).

Protozoo Organismo unicelular más grande que una bacteria que vive en ambientes húmedos. Pueden causar enfermedades en el agua contaminada o ser parásitos.

Papila gustativa
Célula del sistema nervioso que transmite información a través de impulsos nerviosos.

Proteína Nutrientes presentes en algunos alimentos que sirven sobre todo para formar nuevos tejidos. Pueden ser animales o vegetales.

Retina Capa de la parte posterior del ojo que recibe la luz y la transforma en impulsos nerviosos a través de los fotorreceptores que posee.

Tendón Tejido fibroso que une los músculos a los huesos para facilitar el movimiento.

Tímpano Parte del oído que es una membrana fina de piel que está estirada como un tambor y vibra cuando le llega el sonido.

Tráquea Tubo que sirve de vía respiratoria que va desde la laringe hasta los bronquios.

Virus Microorganismos muy pequeños que necesitan otras estructuras celulares para poder reproducirse y por eso viven en las personas, animales o plantas, donde pueden causar enfermedades más o menos graves.

Vena Vaso sanguíneo que lleva la sangre en dirección al corazón.

Vitamina Sustancia que tienen algunos alimentos que nos ayudan a estar sanos. Hay de muchos tipos y cada una tiene una función (por ejemplo, la D fortalece los huesos, la A protege la vista, etc.).

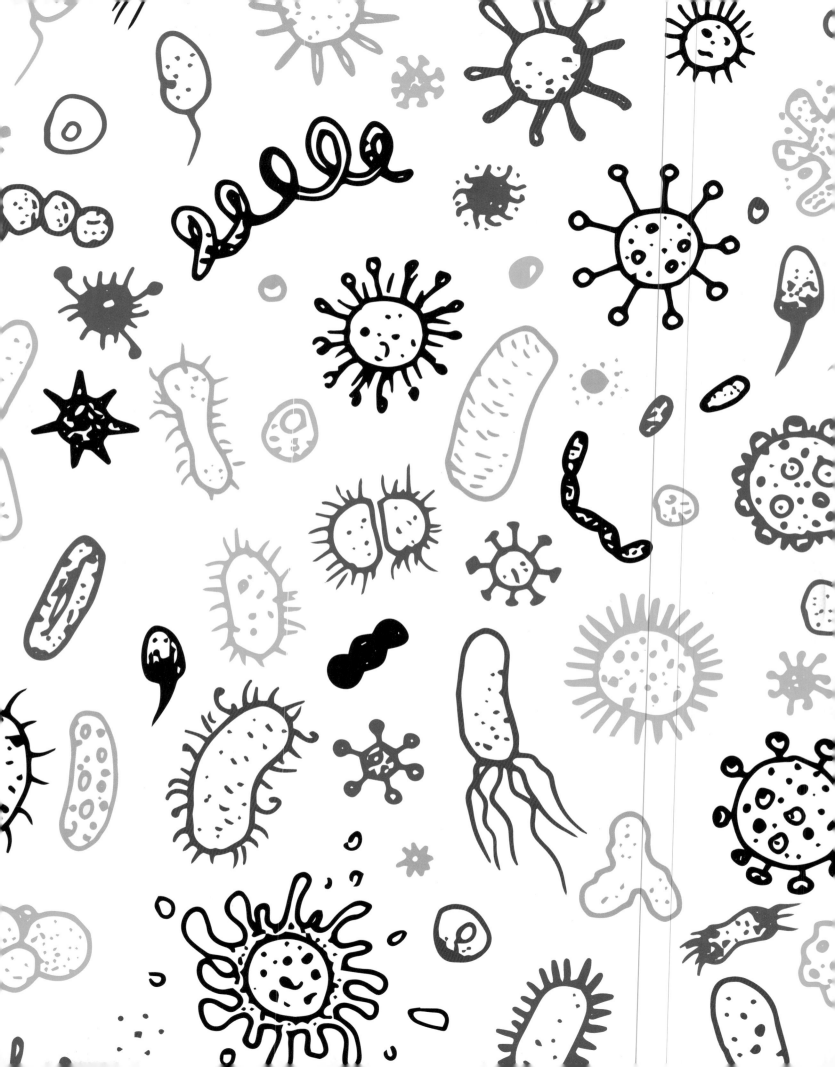